AF356639

EXPLICATION
DES
PEINTURES,
SCULPTURES,
ET AUTRES OUVRAGES
DE MESSIEURS
DE
L'ACADÉMIE DE S. LUC,

Dont l'expofition fe fera le 18 Septembre 1756 dans une Salle de l'Arſenal, Cour du Grand-Maître, fous les auſpices de M. le Marquis DE VOYER D'ARGENSON, Maréchal de Camp & Armées du Roi, Lieutenant Général en ſa Province d'Alſace, Gouverneur de Romorentin, Inſpecteur Général de la Cavalerie & Dragons, Directeur Général de tous les Haras du Royaume, Honoraire - Aſſocié libre de l'Académie Royale de Peinture & Sculpture, Vice-Protecteur de l'Académie de SAINT LUC.

A PARIS,

De l'Imprimerie de la Veuve CH. MAUR. D'HOURY, Imprimeur-Libraire de l'Académie de S. Luc, rue vieille Bouclerie.

M. DCC. LVI.

L'ACADEMIE DE SAINT LUC, aussi ancienne que le goût des François pour la Peinture & la Sculpture, a toujours été une source d'Artistes qui, en cherchant à se distinguer, ont travaillé de concert, & à l'envi les uns des autres, à porter à la perfection les Arts qui sont l'objet de leur application & de leurs veilles. La glorieuse adoption dont les Rois ont bien voulu honorer ce Corps, a nourri & entretenu leur zèle. C'est de cette Académie que sont sortis plusieurs Hommes célébres, à qui un mérite supérieur a procuré des honneurs immortels.

L'Académie de Saint Luc a eu dans tous les temps des Protecteurs illustres & éclairés.

Monsieur le Marquis DE VOYER D'ARGENSON, *Vice-Protecteur de l'Académie,* dont le zèle pour le progrès des Arts égale la parfaite connoissance qu'il en a, ayant remarqué que l'exposition faite en l'année 1753,

avoit contribué confidérablement à fou-
tenir & à augmenter l'émulation, fous
fon bon plaifir l'Académie mettra les
nouvelles Productions fous les yeux du
Public, dont les fuffrages ont encou-
ragé les Académiciens qui avoient fou-
mis leurs Ouvrages à fon jugement.

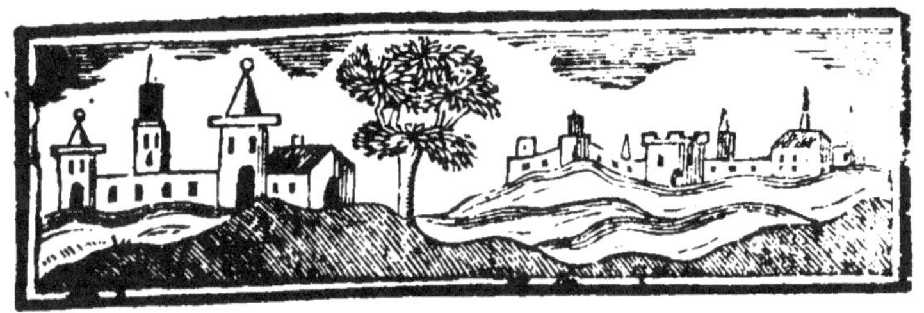

EXPLICATION

DES

PEINTURES,

SCULPTURES,

ET AUTRES OUVRAGES

DE MESSIEURS

DE L'ACADEMIE DE S. LUC.

Par M. LECLERC, *ancien Professeur,
rue Grenelle S. Honoré, chez un Sellier.*

N°. I. 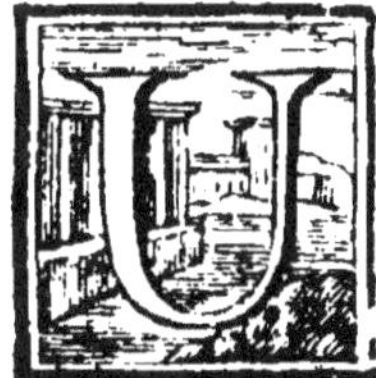 UN Payſage, dans lequel eſt repréſentée Diane qui fait châtier un Satyre, pour avoir troublé l'eau : Tableau peint ſur cuivre, de 24 poces de haut, ſur 19 pouces de large.

A iij

2 Le Pendant du précédent, repréfentant des Femmes : le fond eft un
Payfage.

Par M. DUMESNIL *le jeune,* Profeffeur,
rue Saint Martin, aux deux Anges.

3 Une Etude faite d'après nature, repréfentant une jeune Perfonne qui lit,
peinte fur toile, de 4 pieds de haut,
fur 3 pieds de large.

Par M. HUET, Profeffeur, *rue Meflay.*

4 Un Tableau en hauteur, repréfentant
un Phaifan & fa Femelle.
5 Un Tableau repréfentant deux Peroquets.
6. Un Tableau repréfentant trois Ecu-
reuils du Canada.
7 Trois Tableaux, toile de 10, repréfentans des Chiens.
8 Un Tableau, toile de 15, repréfentant trois Peroquets.
9 Un Tableau, toile de 8, repréfentant un Chien en arrêt fur des Cailles
dans du bled ; il appartient à M. de
Neuilly.

10 Un Tableau en hauteur, répréſentant un Chat angoulant, & un Pe-
roquet, appartenant à M. de May.

11 Un Tableau, ſur toile de 40, repréſentant deux Chiens d'Eſpagne, appartenant à M. Yvelle.

12 Un Tableau, toile de 25, répréſentant deux Chiens gardant du Gibier,
appartenant à M. le Comte de.....

13 Un Tableau, toile de 6, répréſentant un Retour de Chaſſe, appartenant à M. le Marquis de......

14 Deux Tableaux de chacun 4 pieds en
quarré; un repréſentant une Chienne
de baſſe cour & ſes petits; l'autre repréſentant un Chien d'Eſpagne de la
groſſe eſpece, gardant du Gibier, appartenant à M. le Duc de......

15 Un Tableau, toile de 30, répréſentant une Chienne qui alaite ſes Petits,
appartenant à M. le Marquis de.....

Par M. P o l l e t, *Profeſſeur,*
rue des Foſſes de M. le Prince.

16 Une Nymphe ſortant du Bain, accompagnée d'un Enfant.

A iiij

Par M. LEMERCIER, *Profeſſeur,
rue du Gindre , Fouxb. S. Germain.*

17 Un Tableau repréſentant trois Si-
vettes.
18 Un autre Tableau, repréſentant un
Soldat venant de Campagne, avec
un Congé de ſemeſtre, tous deux de
même grandeur.

Par M. BETHON, *Profeſſeur, rue
des Marmouzets , aux Gobelins.*

19 Saint Hyppolite dans la Priſon, avec
nombre de Soldats convertis à la foi
par Saint Laurent, de 10 pieds de
haut, ſur 14 pieds de large. Ce Tableau eſt pour la Paroiſſe Royale de
Saint Hyppolite.

Par M. COUSINET, *Profeſſeur,
rue baſſe des Capucines.*

20 Une Figure de deux pieds de pro-
portion, repréſentant l'Amitié.

Par M. ALLAIS, *ancien Adjoint à Professeur, rue du Jour S. Euftache.*

21 Deux Portraits de chacun 6 pieds de haut, fur 4 pieds 6 pouces de large.
22 Deux, *idem.* toile de 30.
23 Plufieurs Portraits peints en paftel.

Par M. CHEVALIER, *ancien Adjoint à Professeur, rue du Four S. Germain.*

24 Le Portrait de M. l'Archevêque de....
peint fur toile, de 3 pieds 7 pouces de haut, fur 2 pieds 6 pouces de large.
25 Le Portrait de M. le Prince de Grimbergem, Prince du Saint Empire Romain, &c. peint en 1755, dans la 84e. année de fon âge.
26 Le Portrait de M. Quefnay, Médecin Confultant du Roi, repréfenté dans fon Cabinet, a 17 pouces de hauteur fur 1 pied 8 pouces de large.
27 Le Portrait de M...... Officier de la Reine, hauteur de 2 pieds 17 pouces, fur 14 pouces de large.
28 Le Portrait de M. Charus, Apothicaire, tenant un Livre, a 2 pieds 6 pouces de haut, fur 2 de large.

29 Le Portrait de feue Madame Bechée, peint en clair-obfcure, hauteur d'un pied 11 pouces, fur un pied 7 pouces de large.

30 Le Portrait de feu M. Gallien, Tailleur de Mgr. le Dauphin, hauteur de 3 pieds 2 pouces, fur 2 pieds 6 pouces de large.

31 Le Portrait de Madame de Flumeville, prenant fon caffé avec Mademoifelle fa fille, hauteur de 2 pieds 10 pouces, fur 2 pieds 3 pouces de large.

32 Un petit Tableau repréfentant les trois Maries qui viennent au Sépulchre, de 20 pouces de haut fur 17 de large.

33 Un Tableau d'une Vierge devant fon Prie-Dieu, repréfentant une Annonciation, appartenant à M. le Curé de Saint Sulpice, de 2 pieds 6 pouces de haut, fur 2 pieds de large.

34 Un petit Tableau, repréfentant l'Amour endormi, déguifé en Berger, d'un pied de haut, fur 15 pouces de large.

Par M. Suzanne, *Adjoint à Profeffeur, rue de Bourbon, près la Villeneuve.*

35 Deux Efquiffes, l'une repréfentant

une Cerès, & l'autre un Groupe de Veſtales.

Par M. CRESSENT , *Adjoint à Profeſſeur, rue Meſlay.*

36 Une Nymphe ſortant du Bain, accompagnée d'un petit Amour, hauteur de deux pieds.

Par M. BESNARD , *Adjoint à Profeſſeur, rue haute des Urſins.*

37 Un Tableau repréſentant une Danſe Champêtre, d'un pied 5 pouces de large, ſur 1 pied 2 pouces de haut, du Cabinet de M. de Saint-Marc.

38 Un Tableau repréſentant une Récréation Champêtre, d'un pied 4 pouces de large, ſur 1 pied 1 pouce de haut, appartenant à M. Delaunay.

39 Deux Tableaux pendans, peints ſur bois ; l'un répréſentant l'Attelier d'un Serrurier.

40 Le ſecond, celui d'un Menuiſier ; ils ont chacun 15 pouces de haut, ſur 8 pouces de large.

Par M. BONNET DANVAL, *Adjoint à Professeur, rue N. D. de Recouvrance.*

41 Argus garde Jo, & Mercure l'endore au son du flageolet, Tableau peint sur toile, de 5 pied & demi de haut, sur 4 pieds & demi de large. Ce Tableau appartient à l'Auteur.

42 Le Portrait de l'Auteur, peint par lui-même, de 16 pouces de haut, sur 13 pouces de large.

43 Le Portrait de Madame *** de 20 pouces de haut sur 16 de large.

43 *bis.* Le Portrait de M. l'Abbé Viet, sur toile de 15.

44 Deux Esquisses, l'une représentant les Nôces de Cana, & l'autre la Descente dans la Piscine, qui sont exécutées en grand, dans l'Eglise de l'Abbaye de Dommartin en Artois.

Par M. HUBERT, *Adjoint à Professeur, rue neuve S. Etienne, F. S. Victor.*

45 Une Figure en terre, de 32 pouces de haut, représentant Hercule qui combat l'Hydre.

46

45 Quatre Esquisses de bas-reliefs en cire, sur des cartons.

47 Deux Desseins Esquisses ; l'un repréfente la naissance de Venus, l'autre Appollon & Diane, qui pour punir Niobe de son orgueil, font périr tous ses Enfans.

Par M. Eisen, *Adjoint à Professeur, Quay des Miramionnes.*

48 Un Frontispice de l'Histoire Militaire de Flandre : L'on voit dans ce Dessein, Minerve tenant une Médaille, qui représente le Roi ; elle ordonne à la Renommée d'aller publier les Exploits guerriers de ce Prince, & de le couronner de lauriers. Cette Médaille est soutenue par le Tems que des Enfans enchaînent, & dont ils arrachent la faux, pour retarder l'instant où ce Monarque bien-aimé doit être placé avec ses Ayeux au Temple de mémoire : c'est le vœux que fait l'Auteur, comme le plus respectueux & plus fidel Sujet de Sa Majeste', hauteur de 11 pouces 8 lignes, sur 7 pouces de large.

49 Un Frontispice qui doit servir en

Cour d'Hollande : l'on voit dans ce Deſſein une Figure qui caractériſe la Hollande ſur ſon Thrône, tenant d'une main une Couronne d'abondance, de l'autre un Caducée ; un Indien qui lui préſente les Tributs de ſa Nation ; à côté, un Génie tenant les Armes de la Maiſon de Naſſau ; deux autres ſont occupés à tenir un Gouvernail, l'autre met la bouſſole autour du tronc ; pluſieurs ballots de Marchandiſes caractériſent le Commerce : le fond repréſente un Combat Naval, de 7 pouces 8 lignes de hauteur, ſur 4 pouces 8 lignes de largeur.

50 La Vignette de l'Épître Dédicatoire du même Ouvrage repréſente les Armes de Monſeigneur le Duc d'Orleans, que Minerve couronne ; on voit à côté les Génies qui caractériſent la Guerre & les Arts. Ce Deſſein à 8 pouces de long, ſur 3 pouces de haut.

51 Le premier Sujet du Paſtor Phido repréſente Neve du grand zele montant, préchant au bord du Fleuve Alphe, à l'ombre d'une plaine, lorſqu'un Habitant des eaux lui remettant ſon Fils entre les mains, lui recommande d'en avoir ſoin, devant être le bien & l'appui de ſa Patrie ; l'on voit dans le

fond le Temple de ce Dieu, & dans un côté du lointain, un orage se préparer. Ce Deſſein a 6 pouces de haut, ſur 4 pouces de large.

52 La Poëſie. L'on voit dans ce Sujet des Poëtes & des Philoſophes appliqués à étudier cet Art, & les autres s'empreſſer de montrer leur Ouvrage à Appollon, pour avoir ſes lumieres.

53 La Peinture, la Sculpture & l'Architecture. L'on y voit la Peinture avec ſes Attributs ; la Sculpture appliquée à faire un Buſte du Roi ; l'Architecture achevant un Modéle en élévation : l'on voit au bas des Génies occupés à deſſiner d'après la boſſe.

54 L'Aſtronomie. L'on y voit des Etudians aux Aſtres ; un tient un papier, ſur lequel eſt tracée une Mappemonde ; dans le fond, des Ingénieurs qui travaillent ſur le terrein ; au deſſus de ce Sujet, eſt Appollon qui préſide.

55 La Statue Pedeſte du Roi, des jeunes Militaires faiſant l'exercice, auquel préſide Minerve. Ces quatre Deſſeins ont chacun 10 pouces 11 lignes, ſur 8 pouces 8 lignes de long.

Deux deſſeins allégoriques, de même grandeur.

56 Un jeune Militaire étudiant l'Art de

la Guerre, tandis qu'un Officier de ſes amis entre doucement dans le Cabinet, accompagné de la Généroſité voilée; elle poſe ſur la table un depôt, & elle ſemble appréhender d'être apperçue dans l'action généreuſe qu'elle fait: ces Figures ſont hiſtoriquement habillées, cependant repréſentent le jeune Guerrier entrant dans le Cabinet du Firmacie ſon bienfaiteur, accompagné de la reconnoiſſance qui vient pour lever le voile de la généroſité qui accompagne toujours ce Philoſophe, qui ſe levant preſtement, pour aller d'une main prendre le bras de la reconnoiſſance, & accueillant de l'autre le jeune Militaire, qui s'en ſaiſit & la baiſe. Ces deux Deſſeins ont chacun ſix pieds de haut, ſur 4 pieds de long.

57 Deux Deſſeins de même grandeur.

Le premier repréſente Hercule qui étouffe Antée.

L'autre repréſente Bellerofon qui combat Chienne.

58 Deux autres Deſſeins repréſentans Saint Sebaſtien, faits pour ſervir d'Eſquiſſe à un Tableau d'Autel, de huit pouces de haut, ſur 4 de large.

59 Un jeune Seigneur au Berceau, en-

touré des Arts , de 11 pouces de hauteur, fur 5 de large.

60 Une Etude d'un Cheval, d'un pied
un pouce de long, fur huit pouces de
haut.

Trois Payfages deffinés au crayon rouge.

61 Un repréfentant l'entrée d'une Forêt
déferte, des Animaux que des Gens
menent. Ce Deffein a 14 pouces 10
lig. de long, fur 10 pouces de haut.

62 Les deux autres repréfentent une
Tempête fur Mer, de chacun 1 pied
de haut, fur 10 pouces de large.

63 Une Paftorale, lavée à l'encre de la
Chine, de la longueur de 7 pouces,
fur 5 pouces de haut.

64 Une Eftampe repréfentant la Gallerie du Roi de Pologne, le Génie des
beaux Arts ordonne de placer la
nuit du Corrége, qui eft le principal
Tableau que poffede vos remarques :
au bas, font des Génies qui s'amufent
à chercher l'avis du Peintre, dont il
examine les Tableaux. Le fond repréfente la Gallerie où font attachés
les Tableaux. Cette Eftampe a 8 pouc.
de long, fur 6 de haut.

65 Plufieurs Deffeins de différentes
grandeurs,

Par M. BIZET, *Peintre, ancien Conseiller,*
rue de la Pelleterie.

66 Un Christ peint sur toile, de 2 pieds
7 pouces de haut, sur 2 de large.
Deux Pendants peints sur toile, de 2
pieds 3 pouces de haut, sur 2 pieds
de large.
67 Un représentant une Bergere se re-
posant auprès d'une fontaine, avec
un Paysan lui présentant un oiseau.
68 L'autre, un Jardinier jouant avec une
Bergere.
69 Un Portrait représentant un Homme
mettant un bouquet à son côté, de
2 pieds 6 pouces de haut, sur 2 pieds
de large.

Par M. LEFEVRE, *P. Conseiller,*
Quay Pelletier.

70 Le Portrait de M. Chanderlos, peint
en pastel, toile de 15.
71 Le Portrait de M. Durieux, toile
de 12.
72 Le Portrait d'une Dame qui tient des
fleurs, toile de 12.

73 Le Portrait de son Mari, toile de 12.
74 Le Portrait d'un jeune Enfant, toile
de 10.
75 Le Portrait d'une Dame en habit de
Bal, toile de 25, peint à l'huile.
76 Le Portrait de M. de l'Isle, jouant
de la flûte.
77 Le Portrait de M. Brunan son frere.

Par M. VIGER, *Conseiller, rue Coqueron.*

78 Six Portraits peints en Pastel.

Par M. GLAIN, *Peintre, Conseiller,*
rue des deux Portes S. Sauveur.

79 Le Portrait de M. Dublin, Architecte.
80 Le Portrait de M......
81 Le Portrait de M. l'Abbé ***.
82 Le Portrait de Mad^lle. Catineau.
83 Le Portrait de Mad^l. Reim.
84 Le Portrait de M. Duclos, Machi-
niste de la Comédie Italienne, peint
dans le rôle Pantomine de Capitaine-
Tempête, dans la Servante Maîtresse.
85 Trois Pastels, toile de 8, sous le
même N°.

Par M. POUGIN DE SAINT-AUBIN,
rue faint Germain des Prés.

86 Douze Portraits fous le même N°.

OUVRAGES DE MESSIEURS
LES ACADEMICIENS.

Par M. VIALLY, *Peintre du Roi,
& de l'Académie, rue d'Argenteuil,
derriere l'Eglife S. Roch.*

87 Trois Efquiffes, Sujets de la Fable.
La premiere repréfente Diane qui
vient furprendre le Berger Endimion
endormi.
La feconde repréfente la Métamorphofe
de Clity en pavots & tournefols.
Et la troifiéme repréfente Vulcain &
Venus dans les Forges de Lemnos,
avec les Cyclopes qui forment les armes d'Achille ; toile de 20.
88 Quatre Tableaux repréfentans Ma-
rines, Payfages, & les quatre points
du Jour hiftoriés, Figures & Animaux, ou fujet au point du jour. La
Marine repréfente le couché du So-

leil ; un Vaiſſeau arrive pour en-
trer dans le Port, d'autres au mouil-
lage ; nombre d'autres Bâtimens, Flu-
tes, Barques & Chaloupes, Figures
de différentes Nations ſur le Quay &
ſur le Rivage, ainſi des autres Tableaux ſur toile de 40 du même N°.

89 Deux Tableaux en hauteur, toile
de 20.

90 Une Marine repreſentant un Soleil
couchant, toile de 8, qui a été fait
pour le Cabinet de M. le Comte de
Vance.

91 Le Portrait de Madame la Ducheſſe
de Lauraguay, en Cordeliere, peint
en paſtel, toile de 20.

92 Six petits Tableaux repreſentans Marine, & Payſages, l'un le Levant, les
autres le Couchant, & un clair de Lu-
ne ornés chacun de figures ; toile de
8, 6 & 4.

93 M. le Cardinal d'Uriny, ci-devant
Nonce en France, peint en paſtel
ſur toile de 12.

94 Le Portrait de Madame la Comteſſe
de la Guiche, en Nayade, peint à
l'huile, toile de 25.

95 Le Portrait de M. Tourette, peint en
paſtel, toile de 15.

Annibal, né en 1638, peint à l'huile d'après lui-même à Marseille, à l'âge de 112 ans, âgé maintenant de 118 ans passé, auffi frais & bien portant qu'il eft reprefenté dans le Portrait.

Une partie de ces Tableaux appartiennent à l'Auteur.

96 Un Tableau pour M. le Comte de Vance, reprefentant un Port de Mer orné de beaucoup de figures, où le Soleil paroît fe coucher dans la Mer, toile de 8.

Par M. Liegeois, *Quay de Gêvres.*

97 Deux Portraits toile de 30, reprefentans M*** Medecin de la Faculté de Paris, dans fa bibliotheque, & Madame fon époufe, jouant de la Sérinette.

98 Un Portrait reprefentant M. P. Pocureur au Châtelet.

99 Un Tableau de 4 pieds de long fur 2 de haut, reprefentant l'Hôtel Royal des Invalides dans un temps de pluye & de tonnere, avant le changement de l'efplanade.

100 Un Tableau toile de 30, Payfage en hauteur, reprefentant un Etang dans un Bois, avec figures & animaux.

Par M. B A R E R E, *rue aux Ours.*

101 Le Portrait de M. l'Abbé de Sainte
Genevieve , toile de 25.

102 Le Portrait de M. le Procureur Gé-
neral de Sainte Geneviéve, peint en
paftel, toile de 15.

103 Le Portrait de M. l'Abbé Poulain,
Aumonier de la Reine, peint en paftel, toile de 20.

104 Les Portraits de M. & de Madame
Colinet, en paftél, toile de 20.

105 Le Portrait de M. Colinet le fils,
toile de 6.

106 Le Portrait de M. Petit le fils , toile
de 12.

107 Le Portrait de M. Noël, toile de
10.

108 Deux Tableaux ovales, reprefentant des Poiffons, toile de 10.

Deux Tableaux reprefentans des Fruits,
peint fur toile de 6.

Par M. C O R R E G E, *rue Sainte-Croix*
de la Bretonnerie.

109 Un Tableau de neuf pieds de haut

fur 11 de large, repreſentant la Dé-
dicaſſe du Temple de Salomon.

110 Un Tableau de 5 pieds ſur 4, repreſentant un repos de la Vierge en
Egypte.

111 Un Tableau repreſentant Renaud
& Armide, de 2 pieds de large ſur un
pied 8 pouces de haut.

Pluſieurs Eſquiſſes.

Par M. C L E R M O N T , *rue du Four
Saint Germain.*

112 S. Hypolite, favori de l'Empereur
Sévere, après avoir été converti par
S. Laurent, aſſemble ſa Famille & la
converti; pour la Paroiſſe S. Hypolite.

113 Une Eſquiſſe d'une Sainte Famille,
de 21 pouces de haut ſur 16 de large,
même N°.

114 Trois Payſages peint à gouaſſe, de
differentes grandeurs ſous le même N°.

Par M. C H E R F I L S , *Place Dauphine.*

115 Le Portrait en Deſſein de M. le
Marquis de Voyer d'Argenſon, Maréchal

chal de Camp, en habit d'ordonnance,
près à monter à cheval, donnant ses
ordres à la tête du Camp.

116 Un Portrait en Deſſein, repreſentant M. le Comte de Vance, Maréchal de Camp, en habit d'ordonnance, ſous ſa tente ; un Ingenieur lui pre-
ſente un Plan de Fortification, & ſur
une table une Carte de géographie ; au
fond du Tableau, une Ville aſſiégée.

117 Le Portrait de M. Lamaurie dans
ſon Cabinet, tenant une flute tra-
verſiere à la main.

118 Le Portrait de l'Auteur dans ſon Attelier, deſſinant une Dame.

119 Un Tableau d'environ 3 pieds, repreſentant le dedans d'un Salon, dans
la perſpective duquel s'apperçoit un
Jardin, & le bout d'une Ville.

Par M. VINCENOT, *rue de Séve.*

120 Un Modele d'un Fronton en cire,
de 3 pieds & demi de long, qui ren-
ferme un jeu d'Enfant, tenant une
guirlande de fleurs, diſpoſé à les ré-
pandre ſur un Lion couché. Il ſe
trouve exécuté en pierre chez Madame Dufort, Fauxbourg S. Honoré,
ſur l'étendue de 20 pieds.

C

121 Une Esquisse d'un autre Fronton
en cire, de 4 pieds, avec les Armes
de la Famille de Madame l'Abbesse
de l'Abbaye Royale de Panthemont,
supportée par deux Lions casqués,
coëffés de Pélicans, à cause de l'ins-
cription, *& virtus & sanguis*, exé-
cutée en pierre, sur la façade inté-
rieure du côté du jardin, de 30 pieds
de long.

122 Une Médaille en plâtre, d'un pied
& demi, représentant le Tems, ap-
puyé sur son poignet, exécuté en
pierre de Conflans, chez M. Cuiset,
Fermier Général, de la grandeur de
3 pieds de diamétre.

123 Une Venus tenant la Pomme d'Or
qu'elle fait voir à un Petit Amour.
Ce Modele a 16 pouces de haut.

124 Une Figure en bas-relief, représentant un Homme couché.

125 Une Esquisse d'une Figure en terre
cuite, d'un pied de haut, réprésen-
tant un Saint Jean.

126 Un Grouppe d'Enfans en terre
cuite, bronzés, représentans la Peinture & la Sculpture, de 9 pou. de haut.

Par M. SCEEMACKER, *rue Meslay.*

127 Un Modele de Vierge qui a été

exécuté dans l'Eglife de Saint Hilaire, près le Puits-Certain.

128 Un Modele d'une Figure, repréfentant la Sculpture.

139 Deux Deffeins de Chaire à précher ; l'un repréfente le Temple de la vérité, foutenu par les quatre Evangéliftes, avec angles & vouffoirs deffous, avec les Tables de la Loi, le Voile de la vérité, qui fert du barvoir, progés qu'il a poftulé pour la Chaire de Saint Roch.

L'autre Chaire projettée pour celle de Saint Mery, avec le Sujet de l'Eglife deffous.

130 Un Fou en pierre de Conflans, qui fait faire filence, tandis qu'il gratte les doigts de fon pied droit.

131 Un Deffein d'un Tombeau de Sénateur, en crayon rouge.

Par M. HUET, *Peintre de Fleurs,*
rue Meflay.

132 Un Tableau, fur toile de 15, repréfentant le coin d'un Partere, en femi-doubles.

133 Un Tableau de même grandeur, repréfentant une Etude de Verjus & Raifins.

134 Un Tableau, fur toile de 8, repréfentant des Pêches & Raifins.
135 Un Tableau, fur toile de 10, repréfentant un Buquet d'œillets.

Par Mademoifelle SAINT-MARTIN,
rue Saint André-des-Arcs.

136 Quatre Portraits dont deux de 4
pieds de haut fur 3 pieds de large, &
les deux autres de 2 pieds. & demi de
haut fur 20 pouces de large.

Par · M. JEAN-BAPTISTE HUTIN,
rue S. Thomas du Louvre.

137 Hercule, pour venger l'infulte que
lui ont fait Achmon & Paffalus, les
portent attachés à fa Maffue, la tête
en bas, le vifage tourné de fon côté;
Tableau peint fur toile, de 8 pieds de
haut, fur 5 pieds de large.
138 L'Amour dans les bras de Venus eft
fervi par les graces, & reçoit les vifi-
tes de Junon & Cerés; Tableau peint
fur toile, de 9 pieds de large, fur 7
pieds de haut.
139 Venus prefente aux Dieux l'Amour
& Pfichée pour les marier; Efquiffe
peinte fur toile.

ADDITION.

Par M. DUMESNIL *le jeune, Professeur,
rue S. Martin, aux deux Anges.*

140. Un Tableau de fantaisie, faisant le pendant du N°. 3.

Par M. PINEAU, *Adjoint à Professeur,
rue Meslay.*

141 Deux Desseins Esquisses, représentans des Saints Sacremens, de chacun 30 pouces de haut, sur 18 pouces de large.

Par M. CHEVALIER, *ancien Adjoint,
rue du Four Saint Germain.*

142 L'Invention du Dessein, peint sur toile, de 2 pieds 4 pouces de haut, sur 2 pieds 11 pouces de large.

Par M. GUERIN, *Adjoint à Professeur,
rue neuve Saint Méderic.*

143 Deux Tableaux pendans; l'un re-

préfente le Martyre de Saint Etienne ;
le fecond, Saint Nicolas donnant fa
bénédiction fur des Matelots qui font
naufrage, tous deux peints fur toile,
de 7 pieds de haut, fur 4 pieds & demi
de large ; ils appartiennent à la Fabri-
que de Saint Nicolas de Manthe.
144 Plufieurs Portraits & Sujets en petit, à huile.

Par M. JOLLAIN, *Adjoint à Profeffeur,*
rue Therèfe, butte S. Roch.

145 L'Amour Vendangeur, peint fur
toile, de 4 pieds 6 pouces de haut,
fur 3 pieds 3 pouces de large.

Par M. SOLDINY *Académicien,*
rue neuve Saint Auguftin.

146 Quatre Efquiffes peintes à huile.
147 Deux Deffeins Efquiffes.

Par M. JACQUES, *Académicien,*
rue Saint Bon.

148 Trois Tableaux de Fleurs, dont
deux ovales.

Par M. NOLLEKENS, *Académicien,*
rue Saint Antoine.

149 Dalila qui couppe les cheveux à
Samfom, peint fur toile, de 20 pouces de haut, fur 24 de large.

Par M. MILLOT, *Académicien,*
rue Comteffe d'Artois.

149 Deux Portraits peints fur toile de
4 pieds de haut fur 3 pieds de large.

Par M. DEQUOY, *Académicien,*
aux Gobelins.

150 Saint Philippes, un Buveur, & un
jeune enfant, de chacun 30 pouces
fur 24 pouces de large.

Par M. BELLEVILTE.

151 Un Tableau de Fleurs.

F I N.